함 영 복 시 집

**초판 1쇄 발행** 2014년 6월 14일
**저 자** 함 영 복
**발행처** 도서출판 지혜로운
**출판등록** 2011년 11월 10일 제327-2011-08호
**주 소** 부산광역시 동구 수정중로 38번길 8
**연락처** 070.4792.8744
**이메일** ssaljuk@nate.com

Calligraphic Design 천 혜 림

함 영 복 시 집

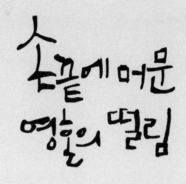

지혜로운 books of wisdom

# Contents 차례

글 쓰는 것을 배운 적이 없습니다.

문학을 공부한 적도 없고 시를 배운 적도 없습니다.

글을 쓰는 데 문외한인 목사입니다.


글을 쓰는 것은 저에게 무척 어려운 작업입니다.

그런데도 저는 지금도 여전히 글을 쓰고 있습니다.

섬기고 있는 교회에 부임하였는데 주보에 목회 칼럼이 있었습니다.

당시에는 교회 사정이 있어서 어느 장로님이 칼럼을 쓰고 계셨습니다.

새로운 담임목사가 부임했으니 이제 저보고 쓰라는 겁니다.

차마 거절하지 못하고 속으로 한 달 정도만 써야겠다고 생각했습니다.

그런데 어쩌다 보니 지금까지 벌써 5년째 쓰고 있습니다.


시간이 흐르고, 그 만큼 써온 글들이 차곡차곡 쌓이면서

감사하게도 교우들께서 제 지난 글들을 하나로 엮어

책으로 만들었으면 하는 의견을 내주었습니다.

세상 밖으로 나오기에는 너무 초라한 글이고 고백입니다.

교우들의 바람과 저의 작은 교만이 부끄러운 책을 만들게 되었습니다.

부끄럽습니다. 글이 부끄럽고 제 자신이 부끄럽습니다.

책이 홍수처럼 넘쳐나는 시대입니다.

그러나 그 홍수 속에서

한 잔의 차 만큼만이라도

누군가 함께

목을 축일 수 있으면 좋겠습니다.

그것이 저의 작은 바람입니다.


이 글이 책으로 출간되도록 힘써주신

광안교회 4남선교회 회원들과

온 성도들께 감사드립니다.

나를 나되게 하신 하나님과

내 인생을 더 빛내준 사랑하는 아내 미리,

그리고 가장 존귀한 아빠의 이름을 선물한

예린, 유빈, 규빈, 예원, 성빈...

나의 다섯 아이들과

도서출판 지혜로운의 권지혜 대표님,

용기주시고 격려해 주신

많은 목사님들께 감사를 드립니다.

부산 광안리에서 함영복 목사

## recommendation 추천의 글

다윗은 시인이었습니다. 그리고 또한 음악가였습니다.

시인과 음악가의 감성을 타고 나기도 했겠지만

그의 시와 노래를 만든 것은

아무래도 그의 삶과 관계가 있다 할 것입니다.

그는 사무엘에 의하여 새 왕 간택 인터뷰가 진행되는 동안에도

들판에서 양을 쳐야만 하는 후보에도 들지 못한

잊혀진 아들이었습니다.

그 후에는 장인이되는 사울왕에게 죽음의 추격을 당하면서

광야를 헤매는 억울한 도망자의 삶을 살았습니다.

이렇게 하여 기막힌 시편들이 탄생했고 노래들이 연주되었습니다.

그 시와 노래들은

지금도 우리가 애송하는 우리들의 고백이 되었습니다.


저자 함영복 목사님도 다윗처럼 시인이자 음악가입니다.

그는 예사롭지 않은 삶을 살아왔습니다.

버림받은 경험을 했고 광야에 홀로 서야만 하는 고통을 맛보았습니다.

그러나 그의 모든 고통은 자연스럽게 시가 되고 노래가 되었습니다.

그의 영혼 속에 고인 시와 노래들은

그가 목회하는 광안교회의 주보를 통해
매주일 맑은 샘물처럼 성도들에게 흘러갔습니다.
이 주옥같은 글들은 단순히 지면을 채우는 글이 아니라
그의 시이고 노래이며 삶인 것을 느낄 수 있습니다.

그는 버림받아서 불행하게 살 수밖에 없었던
세 명의 아이들을 양자로 입양하여
친자식처럼 사랑으로 기르고 있는 삶으로도
시를 쓰고 있습니다.
그의 시와 노래는 그의 인격과 삶을 통해
다시 해석되고 있다 할 것입니다.

이 아름다운 시와 노래들을 읽는 모든 자들이
깊은 산 속의 옹달샘 물을 마시는
기쁨을 맛보게 되시기를 바랍니다.
그의 시와 노래를 통해
그가 목회하는 광안교회가
더욱 아름다운 물댄동산 같은 교회가 되기를 소원합니다.

부산 산성교회 허원구 목사

홍수시에 생수를 구하기 힘들듯
수많은 사람들 가운데 참 신앙인을 만나기 힘들고
수많은 목자 가운데 예수님을 닮은 선한 목자를 만나 보기가
참으로 힘든 것일까.

"나는 선한 목자라 선한 목자는 양들을 위하여 목숨을 버리거니와"라고
말씀하신 주님을 닮아가려는 수많은 목자 중에서
가장 주님을 많이 닮은 목자라고 말하고 싶은 함목사님께서
이렇게 귀한 시집을 발간하시게 된 것을 진심으로 축하를 드립니다.

바쁜 목회 생활 가운데 그리고 설교 준비에 여념이 없을 것인데
매주마다 목회 현장에서 글을 쓴다는 것이 얼마나 어려운데
정말 대단하신 목사님께 찬사를 보냅니다.

함영복 목사님을 생각하면 언제나 사랑의 얼굴 모습이며
누구나 가까이 가보고 싶어지는 정이 많은 분이실 뿐 아니라
누구나 좋아하실 온화한 성품의 소유자라서
많은 선후배 동료목사들로부터 사랑과 존경을 받으시는 분이십니다.

목회자의 어려운 길을 걸어 가시면서도

어렵다 표내지 않고

묵묵히 십자가의 길을 잘 걸어가시는 모습이

어찌 그리 아름답게 보이는 지요

뿐만 아니라 목사님의 글을 보면

주님을 사랑하는 마음과 교회와 성도들을 사랑하는 마음

그리고 가족을 사랑하는 마음이 가득 담겨있음을 느끼게 됩니다.


글 속에 진실이 있고 주님을 사랑하는 마음과 목자로서의 신실한 사명과

헌신적인 아름다움이 가득 담겨져 있음을 느껴보면서

앞으로 더 좋은 믿음의 글들을 많이 써서

신앙과 정에 메말라 있는 현대인들에게

시원한 생수를 공급하는 좋은 목회자가 되시길 바랍니다.

목사님이 목회하시는 광안교회와 이 글을 읽는 여러분들이

목사님과 함께 믿음의 정을 나눌 수 있기를 바라며

하나님을 아는 지혜가 한가슴 가득 차기를 간절히 바라면서

귀한 글이 많은 사람들에게 큰 감명을 주시리라 믿으면서

자랑스럽게 이 책을 추천합니다.


전 한국장로교 출판사 이사장, 주님의교회 최성광 목사

# 더하기와 빼기

십자가[†]에는
하나님과 나[│]
사람과 나[─]가 있습니다.

세상 권세, 명예, 부요함도
하나님과 관계[│]가 빠지면
빼기 [─]의 인생 밖에 안됩니다.

하나님의 사랑, 은혜를 누려도
사람과 관계[─]가 없으면
막힌 [ │] 담과 같은 인생밖에 안됩니다.

우리 삶은 하나님과 사람의 관계가 온전해질 때
비로소 더하기[†]의 인생이 되는 것입니다.

그 길을, 예수님은 십자가[†]를 통하여 보여주셨습니다.

그럼에도, 여전히...
빼기[─]의 삶을 사는 사람도 있고
막힘[│]의 삶을 사는 사람도 있습니다.

당신은 빼기[─]의 삶입니까? 막힌 담[│]입니까?
우린 십자가[†]의 삶으로 달려가는 더하기의 사람입니다.

# 기대, 기도, 기다림

예수의 사람들은
기도의 첫 번째 길과
기대의 두 번째 길,
기다림의 세 번째 길을 갑니다.

기도는 바라봄이기에
주님 바라보는 사람이
기도할 수 있고

기대는 설레임이기에
주님 소망하는 사람이
기대할 수 있으며

기다림은 믿음이기에
주님 믿는 사람만이
기다릴 수 있습니다.

무엇을 기도하며
누구를 기대하고
언제를 기다리나요

당신이 몇 번째 길을 걷고 있는지
주님은 물으십니다.

# 맑은 가난

눈이 부시도록
그렇게 맑은
영혼이었으면 합니다.

깊은 산속 흐르는
샘물은 언제나 맑습니다.
바다도 언제나 맑습니다.

깊으면 맑아지고
넓으면 맑아집니다.
순수하면 맑아지고
거룩하면 맑아집니다.

맑은 가난은
부족하지만,
풍성함을 누리는 것
슬픔 속에서 기쁨을 누리는 것입니다.

맑은 가난은
겸손히 주님 의지하여
나의 손 주님 손 되어
세상을 어루만지는
치유의 손길입니다.

# 아빠 보시퍼요

아직 말이 서투른 예원이가
잠자기 전에 "아빠 보시퍼요"라고 했답니다.
이젠 생각을 말로 조금씩 표현합니다.

누군가 보고 싶어함이
세상 사는 기쁨입니다.
누군가 그리워함이
생명 담는 보배함입니다.
보고 싶은 사람 있는 것
우리 삶이
사랑으로 채워지고 있는 증거입니다.

보고 싶은 사람이 더 많았으면 합니다.
생명과 진리를, 감사와 기쁨을
나눌 사람이 더 많았으면 합니다.

광안의 가족 여러분!
예원이가 전합니다.
"아빠 보시퍼, 아찌 보시퍼, 언니 보시퍼…."

당신은
예원이가 보고싶은
하나님의 사람들입니다.

# 여백의 미

하늘이 비어있어도
아름다운 이유는
거기에 꿈이 그려지고
소망이 그려지기 때문입니다.

우리 아름답지 못한 이유는
여백 없는 땅에서
나만의 공간에
마음의 철조망
세우기 때문입니다.

삶의 여백을 만드는 삶
최고의 아름다움입니다.

여백의 미 얻기 위하여
영혼의 안식처로 떠나갑니다.

나의 가슴에
여백을 그려넣어
거기에
하늘을 담아내기 위하여

# 아버지

얼마 전, 아버지와 가족들이 왔습니다.
부산에 아들이 왔다고 오신 것입니다.

아직 믿음 없는 분이지만
아들이 목사인 것이 자랑스러우셨나 봅니다.

교회를 둘러보고 환한 미소를 보이셨습니다.
45년 만에 아버지와 함께
행복이란 시간을 가졌습니다.

문득, 지나간 시간이 떠오릅니다.
버려짐과 상처들
어둠과 외로움들

기적같은 일이
저에게 또 일어났습니다.
사랑과 회복 그리고 소망
기쁘고 감사한 하루입니다.
하루의 시간 속에
45년의 시간이 녹아지는
기적을 봅니다.

오늘도
하늘의 구름이 춤추고
하늘의 별이 빛나는 것은
하나님 은혜를 입었기 때문입니다.

－『은혜, 하늘의 선물』 중에서

# 지금, 이 순간을...

지금 이 순간을
사랑하는 것이 기도입니다
가난을 사랑하기엔 가진 것이 없지만
가난을 사랑하기 위해 이 순간 기도합니다

지금 이 순간을
용납하는 것이 기도입니다
상처를 용납하기엔 흔적이 너무 많지만
상처를 회복하기 위해 이 순간 기도합니다

지금 이 순간을
인내하는 것이 기도입니다
고통을 인내하기엔 아픔이 너무 크지만
고통을 소망으로 바꾸려고 이 순간 기도합니다

지금 이 순간을
겸손히 바라봄이 기도입니다
삶을 이해하기엔 마음이 너무 상심되지만
이해와 긍휼의 마음을 얻기 위해
이 순간 기도합니다

지금 이 순간을 기도할 때
아버지는 여기에 계십니다.

# 가야 할 길

아들이 아버지에게 묻습니다.
불과 나무는 있거니와
번제할 어린양은 어디 있나이까?

아버지가 아들에게 대답합니다.
하나님이 친히 준비하시리라!

아들을 바쳐야 되는 아버지의 길
심장이 요동치고 살이 찢기는
고통의 길이었지만
순종의 길이었기에 가야만 했습니다.

우리에게 아직 가야할 길이 남아있음은
축복의 통로로 바꾸기를 소망하는
아버지의 마음이 있기 때문입니다.

내 안에 성을 쌓기는 쉬워도
길을 내는 것이 어려운 것은
고통이 따르기 때문인가 봅니다.

그럼에도 우리는 가야 합니다.
왜냐하면 그 길이
생명 길이기 때문입니다.

# 가야 할 길, 사랑

아들을 번제로 드리는 아브라함의 길은
하나님에 대한 사랑이었고
아들을 십자가에 맡긴 하나님의 길은
나에 대한 사랑이었습니다.

아브라함이 이삭의 얼굴을 가리고
하나님이 땅을 흑암으로 채웠던 것은
차마 죽어가는 아들을 볼 수 없었기 때문입니다.
그러나 그 길은 꼭 가야만 하는 사랑이었습니다.

자신에게 해가 되는 사람
자신을 미워하는 사람을 사랑하는 것은
나의 악을 선으로 바꾸는 것입니다

꽃피는 봄과 결실의 가을만 사랑하는 사람은
진정한 열매를 맺을 수 없습니다.
뜨거운 태양이 열매를 자라게 하기 때문입니다.

여름과 겨울이 선택이 아니라
받아들여야 하는 자연의 순리인 것처럼
하나님과 이웃 사랑은
우리가 가야 할 영적인 순리입니다.
그 길을 걸어야 생명을 누리기 때문입니다.

# 함께 가는 길

새벽공기 마시며
아들과 황령산에 올랐습니다.
공기는 아직 찼지만
맞잡은 손에서
아버지와 아들의 사랑을 누릴 수 있었습니다.

함께 라는 말에 사랑이 있고 은혜가 있습니다.

성도가 주님과 함께 할 때
사람의 역사가 하늘의 역사로
육체의 한계가
넘치는 풍성함으로 바뀌집니다.

당신과 내가 함께 갈 때
주먹 쥔 손은 안아주는 손으로 바뀌집니다.

광안의 제단에
기도용사로
말씀의 사람으로
함께 선다면
마음의 벽은 열려져
하늘담은 성령공동체로
새롭게 태어나는 것입니다.

# 출애굽 Exodus

이스라엘 백성의 출애굽
긴장, 두려움, 생명의 위험으로 가득했습니다.
죽음의 강이 눈 앞에 펼쳐졌습니다.
홍해와 전차부대... 하나님은 그 순간 바다를 여셨습니다.

아담과 하와의 실낙원
벌거벗겨진 채로 후회와 탄식의 거리를 헤매였습니다.
죽음이 두려웠습니다.
그러나 하나님은 후회와 탄식, 죽음의 옷을
생명의 가죽 옷으로 바꿔주셨습니다.

갈릴리의 베드로
배신의 옷을 입고
과거의 고기잡이로 돌아갔습니다.
허무와, 거짓, 위선, 배신의 배를 타고
갈릴리 바다를 헤맵니다.
한 마리의 고기도 잡지 못한 채
빈 마음, 빈 배로 돌아왔지만
주님은 사랑의 만선으로 채워주셨습니다.

광안의 공동체
채우시고, 바꾸시고, 여시는 분은 하나님이십니다.

# 광안의 기도로 태어나게 하소서

광안리 바닷가 모래 위를 걸어봅니다.
자연과 문명이 함께 어울어집니다.
하늘이 비를 내리면 땅은 고스란히 받아냅니다.
하늘도 땅도 소리없이 내리고 묵묵히 받아들입니다.
모래가 패이고 돌이 패여도
그래서 아프지만
소리없이 받아들입니다.

황령산에 올랐습니다.
수평선 자락에 어디로 가는지 모를 배도 보입니다.
광안대교 위를 손톱보다도 작은 물체들이 어디로 향하는지
바쁘게 움직입니다.
크든, 작든, 저마다의 목적지를 향해 올곧게 나아갑니다.
우리의 삶, 우리의 방향, 우리의 목적이 어디로 향하고 있는지요?

우리 기도가 올곧기를 바랍니다.
나의 아픔, 나의 고민이 내 옷자락이 되어 나를 감싸지만
말씀에 반응하는 기도로 살고 싶습니다.
나의 바람, 나의 소망의 기도가
말씀에 반응하고 순종하는 기도이고 싶습니다.
그것이 성령공동체, 생명공동체, 빛공동체를 이루는
두번째 길이기 때문입니다.

# 광야의 길

하나님은
굽은 지팡이로
곧은 길을 내시는 분이십니다.

애굽에서 가나안까지 일주일이
40년 광야길이 되었습니다.

광야 40년.
애굽의 옷을 벗어야 하는 시간,
하나님 백성이 되는 시간입니다.

하나님은
준비가 덜 된 채
서둘러 약속의 땅으로 들어가기보다는
시간이 걸려도 올곧게 들어가기를 원하십니다.

우리도 애굽의 옷을 벗고
새 역사의 길을 가기 위해
광야의 길을 가야합니다.

거기서 하늘 옷 입혀주실 때까지
기다려야 합니다.

# 희망

폭풍이 부는 날에도
햇빛이 반짝이는 날에도
우리를 올곧게 하는 것은
희망입니다.

어두운 날에도
밝은 날에도
우리를 설레게 하는 것은
희망이라는
내일이 있기 때문입니다.

폭풍의 언덕에서
희망을 볼 수 있을 때
우리 삶의 자리에서
주님을 볼 수 있고
성령의 역사를
경험할 수 있습니다.

하나님이 우리에게 주신
가장 큰 은혜는
희망이라는
선물입니다.

# 꽃망울

겨우내 움추렸던 가지에서
꽃망울 터질 때
잿빛 콘크리트 벽 그을림은
꽃으로 채색됩니다.

주님의 부활은
난로에 그을렸던 누런 냄비가
모래 수세미로 반짝 닦겨진 것처럼
세상의 화염에 타버린 우리 마음을
새하얀 이화(梨花)로 바꾸어 놓습니다.

남도의 꽃망울
먼저 터져
북으로 북으로
꽃향기 날리듯

예수님의 부활은
노오란 개나리, 붉은 진달래되어
동토의 땅에서,
우리 인생 속에
싱그럽고 찬란한 꽃으로
피어날 것입니다.

# 나는 보았습니다

나는 보았습니다.

아직 새벽이슬 머금었는데
성전 향한 발걸음은
빛이 납니다.

광안에 속한
하늘 자녀들이
어둠을 뚫고
빛으로 나아옵니다.

그 안에서 소망을 보았습니다.

한 계단, 한 계단
힘든 걸음을 오르시는
노 권사님의 발길에서
하나님 기쁨을 보았습니다.

이 걸음들이
성령공동체, 생명공동체,
빛의 공동체를 이루고 있음을
잠잠히 바라봅니다.

내 안에 성을 쌓기는 쉬워도
길을 내는 것이 어려운 것은
고통이 따르기 때문인가 봅니다.

그럼에도 우리는 가야 합니다.
왜냐하면 그 길이 생명 길이기 때문입니다.

－「가야 할 길」 중에서

# 내꺼야

네 살 예원이는
무엇이든 자기 손에 쥐어지면
"내꺼야! 내꺼야!" 라고 합니다.

아빠도 내꺼고
엄마도 내꺼입니다.
언니도, 오빠도 언제나 자기꺼입니다.
다른 사람의 핸드폰도, 지갑도
온통 "내꺼" 라고 우깁니다.

어린 아이의 말이기에
귀엽게 봐줍니다.

그런데
사리를 분별할 수 있는 어른들이
세상도, 교회도 자기 것이라고 우깁니다.

하나님이 잠시 맡기셨을 뿐인데
여전히 '내것' 이라고 우기며 삽니다.

아직 아무것도 모르는
아이인가 봅니다.
언제쯤 '당신 것입니다' 고백할 수 있을지...

# 도전

삶을 도전하는 것만큼 힘든 것도 없습니다.
산을 오르고 강을 건너는 것도
노력으로 오르고, 건널 수 있지만

삶을 넘어서 살아가는 것
더욱 힘든 여정입니다.
그래서
인생은 사해와 같은가 봅니다.

육체의 시간을 넘어서
하늘의 시간을 살고 싶습니다.
땅을 넘어서
아버지 나라에서 살고 싶습니다.
감정의 한계를 넘어서
영과 진리의 기쁨을 누리고 싶습니다.

오늘 나에게 주신 시간과 삶은
도전을 위한 하나님 선물입니다.

육체의 한계를 뛰어넘는
도전자의 삶을 살 때
우리는 이미
하나님 나라를 사는 것입니다.

# 은혜, 하늘의 선물

하늘의 구름이 춤추는 것은
하나님이 노래하시기 때문입니다.
하늘의 별이 빛나는 것은
하나님이 어둠을 닦아내기 때문입니다.

우리 숨쉬고 사는 것은
은혜를 입었기 때문이지요

하늘의 은혜를 입은 자
사랑할 수 있고
하늘의 은혜를 입은 자
마음 열 수 있습니다.

하나님 은혜가 가장 값지고 빛나는 때는
더러움 씻어내 맑음 되고
어둠 몰아내 영광 되고
죽음의 땅 생명되게 하는 것입니다.

오늘도 하늘의 구름이 춤추고
하늘의 별이 빛나는 것은
하나님 은혜를 입었기 때문입니다.

우리는 어떤 은혜의 옷을 입고 사는지요?

# 몽당연필

어린 시절
연필이 짧아 쓸 수 없으면
볼펜대에 끼워 썼습니다.

짧은 몽당연필은
버려지지 않고
새 이야기를 만드는
창조의 도구였습니다.

우리 삶이 몽당연필처럼
작고 쓸모없는 것처럼 보여도
십자가에 이어지면
멋진 세상 만들어가는
존귀한 통로가 됩니다.

우리 작고 연약해도
두렵지 않은 이유는
우리를 품으셔서
세상 이야기를
하늘 이야기로 바꾸시는
하나님 역사가 있기 때문입니다.
당신과 나는
하나님의 몽당연필입니다.

# 무지개

빗방울 머금은
처마끝에
햇살이 들면
영롱한 무지개
피어난다

기도하는
두 손 끝에
성령이 들면
소망의 무지개
영글어진다.

최고의 아름다움을
볼 수 있는 것은
눈이 아닌 영으로 보는 것

꽃으로 피어난
소망의 무지개

하늘향기 되어
내 심령에 가득하리라.

# 창 끝에서 땅 끝으로

창 끝에 묻은 핏자욱
땅 끝으로 내몰았지만
거기서 주님을 만났습니다.

창 끝은 죽임이었지만
땅 끝은 생명의 인도하심이었습니다.

창 끝에 걸려있던 원망과 절망이
땅 끝에 임하신 하늘의 사랑으로
회복과 구원이 되었습니다.

길고 길었던 저주와 복수의 터널이
순교자의 피와 용서함으로
하늘을 여는 생명길이 되었습니다.

창 끝(죽음)에서 땅 끝(증인)의 삶은
옛 사람이 죽고
새 사람이 되었다는 증거입니다.

우리는 지금 창 끝이 아니라
땅 끝의 삶을 살고 있는 것입니다.

# 선물

선물 받을 때 행복한 이유는
선물 때문이 아니라
선물에 담긴 마음 때문입니다.

진정한 선물은
마음속 사랑을 주고 받는 것입니다.

우리는
사랑 줄 때 기뻐하고
마음 받을 때 행복해집니다.

나눔과 베풂이 작을지라도
사랑의 통로가 될 때
마음은 감사와 평화로,
삶은 열정으로 가득해집니다.

보이는 것에 마음 두지 말고
보이지 않는 마음을
볼 수 있어야 합니다.

보이는 것에 마음 빼앗기면
선물 속에 담긴 사랑
볼 수 없기 때문입니다.

# 섬 김

새벽예배 마치면
신장 안에 있던 신들이 저마다 내려와
가지런히 놓여져 있습니다.

누굴까?

기도하는 사람의 마음을 따뜻하게 하는 사람은...

기도는 말로 하는 것이 아니라
삶으로 하는 것을 보여주는
그 사람은 누굴까?

남아서 기도하던 사람은
신을 신고 가는 것이 아니라 사랑을 신고 갑니다.
따스한 마음, 섬김의 마음을 신고
하루를 시작합니다.

새벽미명
사랑과 섬김의 손길
주님 닮은 손길입니다.

내일도 가지런히 놓여있는 신발을
기도하는 사람은 다시 볼 것입니다.

# 아무것도 할 수 없음에...

하늘에서 폭우가 내려도
땅속에서 물이 솟아도
아무것 할 수 없음에
마음 편치 않았습니다.

들려오는 소리
마음 무겁게 해도
아무것 할 수 없음에
영혼 곤고했습니다.

그러나 아무것 할 수 없기에
주님 행하심 볼 수 있었고
아무것 할 수 없기에
주님 말씀하심 들을 수 있었습니다.

아무것 할 수 없음이 감사인줄 깨닫습니다.
내가 할 수 없기에 하나님 앞서 가시고
내가 할 수 없기에 주께서 세상을 명하십니다.

오늘도
앞서 가시는 하나님을 바라보며
잠잠히 뒤따르렵니다.

# 사람들

사람이고 싶습니다.
하나님이 사람 되셨던 것처럼
그런 사람이고 싶습니다.

배반과 상처와 외로움에
홀로의 방에서 울기도 하지만
그것이 사람 사는 세상이거니
그 마음으로 살고 싶습니다.

재래 시장엔
생선 비린내속의 어부의 삶이
미나리 한 단 속의 농부의 삶이
하나의 노래로 어우르듯

때론 화내고, 불평하지만
합력하여 선을 이루어가는
그분의 용서를 빌려
사람처럼 살고 싶습니다.

하나님이 사람 되셨던 것처럼
그런 사람으로 살고 싶습니다.

---

인자가 온 것은 섬김을 받으려 함이 아니라
도리어 섬기려 하고 자기 목숨을 많은 사람의 대속물로 주려 함이니라

아무것도 할 수 없음이
감사인 줄 깨닫습니다.

내가 할 수 없기에
하나님이 앞서 가시고
내가 할 수 없기에
주께서 세상을 명하십니다.

−『아무 것도 할 수 없음에』 중에서

# 우리는

나와 너가 만나서
우리가 되지만
우리 안에는
나도 너도 없어야 합니다.

주 안에 하나만 있어야 합니다.

나와 너가 만나서
교회가 되지만
교회 안에는
나도 너도 없어야 합니다.

오직 주님의 진리만 있어야 합니다.

나를 부르고 너를 부르신 것은
나의 힘, 너의 힘이 아니라
우리 사랑으로 함께 동행하라는
하늘의 뜻이 있습니다.

나를 버리고, 너를 버릴 때
우리는 주의 백성 되고
세상은 더욱 밝아지게 되는 것입니다.

# 이별

이별이 익숙하지 않기에
가슴이 구멍난 것처럼
시리고 또 저려옵니다.

늘 앉았던 자리에
오늘도 앉아 있을 것만 같은
착각 속에 빠집니다.

붙잡고 있는 것들
인생 가운데
하나씩 하나씩 내려놓음이
소중한 것 잃어도
시리지만 따뜻할 수 있고
아파도 참을 수 있는 삶입니다.

이별에 익숙하려면
지금부터
하나씩 하나씩
내려놓아야 합니다.

우리는 오늘도
이별여행을 하고 있는 것입니다.

# 생명, 그 아름다움

하늘을 나는 새도
하나님 명령 없으면
땅에 떨어지지 않습니다.

생명의 존재는
하나님의 은혜와 사람의 사랑으로
이루어집니다.

추위와 상함, 고통 속에서
죽음을 기다리던
한 마리의 새가 있었습니다.

미물이었지만,
사랑과 정성의 손길이 임했을 때
날개에 힘이 태양처럼 돋아서
하늘을 다시 날아 올랐습니다.

감동이 밀려옵니다.
생명을 향한 하나님의 마음,
생명을 통한 기쁨이 무엇인지 깨닫게 됩니다.

생명은 곧 하나님의 사랑입니다.

# 일편단심

막내의
엄마에 대한 사랑은
일편단심입니다.

혼이 나고,
회초리를 맞아도
두 팔 벌리면
얼른 품으로 달려와 안깁니다.

주님을 향한 우리 마음이,
교회를 향한 우리 가슴이,
사람을 향한 우리 손길이
일편단심일 수 있다면....

"천국은 어린아이와 같지 아니하면..."

주님의 말씀 마음으로 전해옵니다.

엄마를 향한 순전한 사랑처럼
변하지 않는 사랑
가슴에 품고
세상을 살았으면 합니다.

# 자유로움

어디로 가고 있습니까?

우리는
가고 싶다고
갈 수 있고
머물고 싶다고
머물 수 있는
존재가 아닙니다.
한계의 밧줄에 묶여있기 때문입니다.

현재 삶이 행복해도
시간을 멈출 수 없고
현재 삶이 고통스러워도
시간을 재촉할 수 없습니다.

그저, 묵묵히 인내하며
주어진 삶을 살아가는 것이
자유로울 수 있는 길입니다.

그 힘과 능력은
예수와의 만남 속에서
이룰 수 있음을 알기에
나는 오늘도 십자가 앞으로 나아갑니다.

# 주님의 오심... 그 은혜

주님 오심은
하늘이 땅과 하나 되고 하나님이 사람과 하나됨입니다.

하늘의 역사가 땅의 역사로 임했던 거룩한 밤.
오늘 여기에 임하십니다...

주님은
나의 쉼터가 되고,
너의 아랫목이 되고,
우리의 우물이 되기 위해
여기에 오셨습니다.

우리가 주님 오심을 기다린 것은
막혔던 귀 열리고
어둡던 눈 떠지고
악한 손 생명의 손으로
바뀜을 알기 때문입니다.

주님 오심으로
땅이 하늘처럼
사람이 하나님처럼
어둠이 빛으로
바뀌어 갈 것입니다.

# 추 수 후

추수가 끝난 들녘
어지러이 널려있는 볏집사이로
새들이 모여듭니다.

텅빈 들녘이지만
거기에
먹이가 있기 때문입니다.

비어있는 것 같았는데
비어있지 않고
채워진 것 같았는데
채워지지 않은 것
우리 삶인 듯 합니다.

가을 들녘의 비어있음이
왠지 서러운 것은
공허함 때문인지 모릅니다.

빈 가슴...
빈 들녘...
거기에 주의 은혜가 채워져야
풍성할 것 같습니다.

# 바다 이야기

넓은 바다에 고깃배 한 척이 지나가면
바다 이야기가 그려집니다.

고요함이 고동소리로 바뀌고
거친 호흡이 기쁨으로 바뀝니다.
거기에 생명 이야기가 있기 때문입니다.

텅 비어있는 길을
당신이 걸어가면
길 위의 이야기가 됩니다.

어두운 길이 밝은 길로 바뀌고
나와 당신의 소리가 성령의 소리로 바뀝니다.
거기에 주님의 이야기가 있기 때문입니다.

우리 삶에 누군가 함께 살아가면
인생의 이야기가 펼쳐집니다.

지금 내 옆에 있는 당신은
인생을 함께 그려가는 한 필의 붓입니다.
당신과 나는 모두
하나의 이야기가 되어 가는 것입니다.

# 인생 새끼줄

어린 시절
추수가 끝난 겨울 밤
감자 고구마 구워놓고
사랑방에 모여든 어른들은
새끼를 꼬았습니다.

지푸라기는
아이 손에도 '툭' 끊어지지만
할아버지, 아버지 손길을 거치면
모든 것을 어우를 수 있는 새끼줄이 되었습니다.

때론, 우리들의 하루하루
지푸라기처럼 느껴질 때 있습니다.
의미없이 흘러간 하루 하루,
실패하고 절망으로 채워진 하루...

그러나 그 하루 하루의 시간을 하늘의 하나님이 만져주시면
힘없이 툭 끊어지는 시간이 아니라
아무도 끊을 수 없는 인생이 됩니다.
거룩하고 존귀한 인생, 아름답고 복된 인생은
하나님의 손을 통해 이루어지는 것입니다.

우리는 바로 그런 존재인 것입니다.

# 마음 꽃

가을의 길목이 지나가고
겨울문턱에 서 있습니다.

찬바람 부는 도시의 광야엔
나뭇잎 떨어져 쌓이고
바람에 날리는 낙엽들은
이리 저리 방황합니다.

찬바람 부는 언덕
겨울 문턱에 서서
마음 꽃 피워봅니다.

꽃은 지고,
낙엽 가득한 세상에
생명 꽃 피워봅니다.

아직 보이는 꽃 없지만
이미 보이는 꽃의 아름다움에 ,
더 감사한 겨울입니다.

마음 꽃..
내가 아니라
주님이 피우셨습니다.

현재 삶이 행복해도
시간을 멈출 수 없고
현재 삶이 고통스러워도
시간을 재촉할 수 없습니다.
그저, 묵묵히 인내하며
주어진 삶을 살아가는 것이
자유로울 수 있는 길입니다.

－『자유로움』 중에서

# 거기에서

인생에 불어오는 고난의 바람 맞을 때
혼자인 줄 알았습니다.

세상 유혹에 넘어져 고통가운데 있을 때
혼자인 줄 알았습니다.

빈 가슴으로, 공허한 광야 지날 때
혼자인 줄 알았습니다.

위로할 이 없음에 애통의 눈물 흘릴 때
혼자인 줄 알았습니다.

그러나 주님은 거기에 계셨습니다.

혼자라고 생각하던 그 자리에,
혼자임에 불평했던 그 시간에,
혼자여서 서글펐던 그 가슴에,

거기에 나보다 먼저 가셔서
기다리고 계셨습니다.

오! 주님...

# 찬미

한 겨울 모진 바람 이겨내고
동백 꽃망울 터질 때
한파에 얼어붙은 고난의 겨울은
그제야 물러갑니다.

찬 서리 맞으며
꽃망울 피기를 기다린 가지는
함박웃음으로
새 봄의 향기를 피어냅니다.

오늘, 우리의 겨울은
어떻게 지나가고 있습니까?
오늘, 우리가 만나는 봄은
누가 가져다 주었습니까?

예수 그리스도
그분은 꽃이요, 향기요, 소망입니다.

인생의 한 자락에
예수 그리스도의 꽃을
함께 피워간다면
이 봄 더욱 더 아름다울 것입니다.

# 꽃잎 물결 그리고 사람들

수 천년 역사 머금고 변함없이 흐르는 물결 위로
바람에 흩날린 꽃잎들이 한잎 또 한잎 떨어집니다.

한 송이 화려한 꽃으로 남기보다
새로운 세상을 향해
바람타고 물결타고 산을 품고 하늘 품고
소리없는 노래 부르며 흘러갑니다.

꽃잎은 변함없는 강물에
자신을 맡긴 채 흘러가는데...

우리는 변함없는 하늘에 자신 맡기지 못하고
두려움과 아집 속에서 가슴앓이로 살아갑니다.

꽃의 화려함은 흩날림에 사라질지라도
물결따라 바람따라 흘러가기에
새 하늘을 품을 수 있듯이

우리네 화려함 뒤로 하고
성령의 바람에 몸을 맡기면
드높은 하늘 가슴에 품고
깊은 강물 따라
하늘길 갈 것입니다.

# 하나님 그리고 나

하나님을 바라보며
소망을 간구했습니다.

기다림에 지쳐,
삶의 끝자락에 서서
낙심과 원망의 마음으로
나를 세상에 팔아버렸습니다.

영원 속에서 하나님은
소망으로 품으셨습니다.
원망의 끝자락에 있는 나를
눈물로
안고 계셨습니다.

하나님께 대한 나의 믿음보다
나를 향한 하나님의 믿음이
더욱 크다는 사실을 깨닫습니다.

하나님과 나의 차이는
영원함과 끝의 차이입니다.
영원으로 끝을 품으시는 분

그분이 나의 하나님이십니다.

# 하나님 은혜

기도로 얻은 줄 알았습니다.
순종으로 얻은 줄 알았습니다.
그래서 자랑과 의로움으로 여겼습니다.

기도해서 얻은 것보다
순종해서 얻은 것보다
기도하지 않고
순종하지 않았지만
거저주신 은혜가
더 많았기에

오늘,
여기까지 올 수 있었습니다.
감사합니다.

오직
하늘의 은혜인 것을
하나님 사랑인 것을
성령님 역사인 것을
겸손히 깨닫습니다.

사랑합니다. 나의 하나님...

# 시간은 은혜입니다

시간은 금이 아니라
은혜입니다.
우리는
시간을 사는 것이 아니라
은혜를 살기 때문입니다.

오늘 내가 여기 있음은
시간 때문이 아니라
베풀어준 사랑 때문입니다.

시간 속에서
은혜를,
시간 속에서
사랑을,
시간 속에서
감사를 발견하면
우리는 은혜를 주신
하나님을 만나는 것입니다.

우리는 지금
시간을 사는 것이 아니라
은혜를 살고 있는 것입니다.

# 빈츠

똘망 똘망한 눈망울, 작고 옹골찬 손
거기서 사랑을 보았습니다.
여덟 살, 작은 손에 쥐어있던
비스켓 하나 제 손에 쥐어줍니다.

사랑이 밀물처럼 다가옵니다.
사랑이 가슴을 울립니다.
어색한 사랑을 표현하는 소녀처럼 아무 말없이 다가와
쑥스러운듯, 제 손에 쥐어주던 비스켓은
주님의 떡이었고 주님의 손이었습니다.

여덟 살 가슴에 담긴 사랑
엄마 잃은 슬픔인가?
떠나간 아빠에 대한 그리움인가?
가슴이 먹먹합니다.
가슴 전해오는 사랑
사랑 담은 아이의 가슴.

그 사랑 마음에 담아
오늘, 빈츠 하나 나눈다면
참으로 우린 행복할 것입니다.

---

빈츠는 초콜릿 비스켓의 이름입니다.

# 어머니 무릎

어머니 무릎은 기도입니다.
기도실의 무릎 흔적은
십자가의 능력이고
하나님의 구원입니다.

어머니 무릎은 눈물입니다.
기도실의 눈물은
겟세마네의 기도처럼
땀이 핏방울되는 간절한 갈망입니다.

기도하는 여인은 모두 어머니입니다.
어미의 젖을 먹고
자녀가 자라듯
성도는 기도를 먹고
자라기 때문입니다.

어머니 무릎은 사랑입니다.
기도실의 고백은
어머니 무릎에서 흘러
우리 마음을 적시고
세상으로 흘러가는
하나님 사랑입니다.

# 더 가까이

사랑을 멀리서 찾으면 미로와 같지만
가까이서 찾으면 현미경이 됩니다.


마음 통하면 행복이지만
마음 닫히면 불행입니다.
미소는 행복이지만
조소 嘲笑는 불행입니다.
잡아주는 손은 행복이지만
밀쳐내는 손은 불행입니다.


안아주고, 잡아주는 사랑.
작음 속에 거인 되는 길입니다.


마음 한 자락의 서글픔
허들링 Huddling의 역사로
견디고 이기어 낼 수 있음에 소망을 갖습니다.


지금, 가까이 있는 사람에게 작은 미소 보내고
따스한 손 잡아준다면
우린 가슴 가득
큰 행복, 큰 사랑 가진 사람입니다.

---

허들링 Huddling : 남극의 황제펭귄이 −50도의 추위를 이기기 위해 서로 안아주는 방법

# 사소함

사소한 것을 행하는 것은
쉬운 일처럼 보이지만
어려운 일입니다.

사소해 보이는 일은
눈에 보이지 않기 때문입니다.

그러나 인생은
사소한 것들이 모여서 이루어지기에
사소함은 중요합니다.

화려했던 뷔페가
우리를 있게 한 것이 아니라
기억 속에서 사라진 어머니의 밥상이
우리를 여기 있게 한 것입니다.

사소해 보였던 어머니 밥상이 그립습니다.
사소해 보였던 행함이 위대해 보입니다.

사소해 보이는 말씀이
오늘, 우리를 살아나게 하는 것입니다.

그러나 주님은 거기에 계셨습니다.
혼자라고 생각하던 그 자리에,
혼자임에 불평했던 그 시간에,
혼자여서 서글펐던 그 가슴에,
거기에 나보다 먼저 가셔서 기다리고 계셨습니다.

-『거기에서』 중에서

# 새벽을 기다리는 사람들

고통의 어둠에 있을 때
당신 어디 계십니까?

야곱처럼
믿음의 씨름 한다면
구원의 새벽은 찾아올 것입니다.

어떤 어둠도
새벽 이길 수 없습니다.
어떤 폭풍도
예수의 사람
이길 수 없습니다.

우리의 시련,
우리의 고난…
은혜의 빛이 오면
떠나가게 되어있습니다.

우리 사랑하시는
하나님의 섭리
하나님의 약속이기 때문입니다.

# 깊이있는 사람

시간의 길이보다
시간의 깊이가 중요합니다.
얼마나 오래 전에 알았느냐보다
얼마나 깊은 나눔을 가졌느냐가
더 중요합니다.

우리의 삶은
길이에 있는 것이 아니라
깊이에 있기 때문입니다.

길이를 말하면
교만이 드러나지만
깊이를 말하면
겸손이 드러납니다.

우리는
길이를 사는 것이 아니라
깊이를 사는 사람이어야 합니다.

왜냐하면
주님이 깊이를 사셨고,
우리는 주님의 뒤를 따르는
제자이기 때문입니다.

# 아랫목

아궁이에 연탄 갈아넣던 시절
학교에서 돌아와 언 손 녹이려
아랫목에 손 넣으면
엄마의 마음 담긴 밥공기가
담요에 덮여 있었습니다.

바람 불고, 찬 비 오는 날
아랫목에 발 뻗고 담요 덮으면
세상 부러운 것 없었습니다.

소리없는 비 내리는 오늘
어린 시절 아랫목 그리운 것은
마음에 추억의 온기
남아있기 때문인듯 합니다.

삶의 한 자락
마음 따스함 남아
사랑의 나눔이 있기를
기대합니다.

아랫목처럼...

---

봄비가 계속 내리는 3월의 첫주를 맞이하면서.

# 씨 앗

썩지 않는 씨앗은
꽃을 피울 수 없습니다.
썩으면 뿌리 내리고
줄기 자라
열매 맺고
꽃을 피웁니다.

밤이 지나야 아침이 오듯
여름장마가 지나야
가을 들력을 맞이할 수 있습니다.

자아가 죽어야 인생의 꽃 피고
믿음의 열매 맺습니다.

주님이 죽으셨기에
내가 살아났듯.
내가 죽어야 가정이 살고
교회가 살아납니다.

주의 성찬은
죽음의 실제를 보여주는
믿음의 현장입니다.

# 두 얼굴

사람은 두 가지 얼굴을 가집니다.
선한 얼굴과 죄의 얼굴입니다.

선한 얼굴은
하나님과 사람에게
기쁨과, 즐거움을
감사와, 평안을 가져오지만

죄의 얼굴은
하나님과 사람에게
두려움과, 절망을
미움과 무관심을 가져옵니다.

야곱은 두 얼굴의 사람입니다.
이스라엘과 야곱.

우리도
때로 이스라엘로
때로 야곱으로 살아갑니다.

어떤 얼굴로 하나님 앞에 설지는
믿음과 결단에 따라 달라지는 것입니다.

# 부메랑

세상은 부메랑입니다.
돌을 던지면 가슴에 돌이 쌓이고
사랑 베풀면 가슴에 사랑 쌓입니다.
사랑은 부메랑 되어
사랑으로 되돌아옵니다.

사랑하는 사람이
사랑받는 사람보다 더 행복합니다.
왜냐하면
내 안의 사랑이
너 안의 사랑을 안아주고
내 안의 감사가
너 안의 감사를 품어주기 때문입니다.

세상에서 가장 불편한 장애는
'던질 사랑' 이 없는 것입니다.

4월입니다.
생명의 부메랑 돌아와
꽃을 피우듯
사랑의 부메랑 돌아와
평화를 만들어 갑니다.

# 사랑하는 만큼

사랑하는 만큼
용서할 수 있습니다.

우리 사랑
주님처럼 깊으면
깊은 상처 치유할 수 있지만
우리 사랑 너무 얕아
깊은 곳에 미치지 못합니다.

우리 사랑
주님처럼 넓으면
많은 이들 안을 수 있지만
사랑의 손
너무 짧아
다 안지 못합니다.

용서는 사랑에 비례하기에
우리가슴 사랑으로 채워야 합니다.
모든 이를 용서할 그날까지
묵묵히 기다리며...

우리가 사랑으로 살아가야 할 이유가
거기에 있습니다.

# 새해에는

새해에는
약한 자의 낙심이
주님 의지하는 믿음 되게 하소서.

모세의 지팡이
홍해를 가르고 물을 내듯
저의 손에 들린 약함이
하늘 문 열고 장벽을 가르는 능력되게 하소서.

새해에는
광야의 길
주의 길 되게 하소서.

광야에서 빛났던 야곱의 기도처럼
우리 작은 기도
세상의 빛 되게 하소서.

새해에는
없음이 배고픔 아닌 만나의 은혜가 되게 하소서.

매일의 삶이
하나님의 만나임을 깨달아
배고픔의 은혜를 먹게 하소서.

# 추임새

한국의 노래는 추임새이고
서양의 노래는 앙코르입니다.
서양은 모든 것이 좋으면 앙코르를 합니다.
결과를 보고 결정하겠다는 것입니다.

그러나 우리의 노래는
고수의 장단과 추임새가 함께 만들어가는
과정의 노래입니다.

광안의 가족들이
함께 추임새를 나누고 살 때
성령공동체
생명공동체
빛의 공동체를
살아가고 있는 것입니다.

하나님이 일하심을 보면서 추임새를 넣습니다.
    "주님을 찬양합니다"
성도의 일함을 보면서 추임새를 넣습니다.
    "당신을 사랑하고 축복합니다"

당신의 추임새는 언제입니까?

# 떠나가는 사람들

만남이 있으면 헤어짐도 있기에
아쉬움을 남기고 뒤돌아 섭니다.

언젠가 다시 만날 것을 기약하기에
아무렇지 않을 것 같았는데
그게 아님을 가슴이 압니다.

한 사람, 또 한 사람... 그렇게 떠나감은
소망의 천국으로 떠나는 것인데...
하나님의 나라로 떠나보냄은
기쁜 일이고 감사한 일인데...
마음 한켠 쓰린 이유는 무엇인지.

우리는 모두 떠나가야 할 사람이기에
오늘만을 붙잡을 수 없음을 압니다.
어제를 보냈듯 오늘도 보내야 합니다.

보내는 아쉬움, 빈 자리의 허전함을
주님 사랑으로 채워가야 합니다.
봄꽃의 향기처럼 주님사랑 향기되어
이 가슴에 채워지길
늦은 밤 기도합니다.

어떤 어둠도
새벽
이길 수 없습니다.

어떤 폭풍도
예수의 사람
이길 수 없습니다.

우리의 시련
우리의 고난

은혜의 빛이 오면
떠나가게 되어있습니다.

−「새벽을 기다리는 사람들」 중에서

# 맞춤 사랑

나를 향한 하나님 사랑
맞춤 사랑입니다.
모두를 향한 동일한 사랑도 있지만
각자에게 주시는 사랑은
맞춤 사랑입니다.

하나님 사랑 맞춤이기에
고통이 훈련일 수 있고,
아픔이 평화일 수 있습니다.

요셉을 요셉되게 하시려
애굽으로 보내셨고
모세를 모세되게 하시려
광야로 보내셨습니다.

나의 가는 길
폭풍의 언덕이어도 행복할 수 있음은

나의 가는 길
골고다 십자가이어도 기뻐할 수 있음은

하나님의 맞춤임을 믿기 때문입니다.

# 명작名作을 위하여

하나님이 유일무이 唯一無二 하듯
우리도 유일무이합니다.
전에도, 미래의 어느날에도 우리 같은 존재는 없습니다.

여기 깊고 넓은 하나님의 뜻 있습니다.

하늘 캔버스에, 흘러가는 시간속에
명작 그릴 수 있는 사람은 오직 나뿐입니다.

피카소의 그림보다,
윤동주의 시보다
톨스토이의 소설보다 더 아름다운 것은
내 인생의 그림입니다.

그 명작을 위해 하늘아버지가
우리 손에 말씀의 붓 들려주십니다.
"너는 내 사랑하는 아들이요, 내가 너를 기뻐하노라"

사랑의 붓으로, 말씀의 붓으로
하늘의 캔버스에,
흐르는 시간 속에 우리 인생 그려갈 때,
우리 삶
세상 가장 아름다운 명작으로 태어나는 것입니다.

# 삶의 한 자락 끝에서

그리스도인에게
마침표는 없습니다.
그것이 죽음일지라도...

죽음은 마침이 아니라
하나님나라 여정의 쉼터입니다.

고통과 번민, 낙심과 절망, 어둠과 죽음 속에서도
우리는 마침표를 찍을 수 없습니다.

견딜 수 없거든, 참을 수 없거든, 주저앉고 싶거든
마침표가 아니라
쉼표를 찍으십시오.

"수고하고 무거운 짐 진 자들아 다 내게로 오라.
 내가 너희를 쉬게 하리라"

삶의 한자락 끝에 있어도
마침을 보지 말고 쉼을 보십시오

우리는 끝을 사는 것이 아니라
영원을 사는 그리스도인이기 때문입니다.

# 신시神市를 찾아서

푸른 잎 드리우고
청아한 새 소리 가득한 산마루
이름 없는 들꽃의 울림들

불어오는 바람에
소망의 편지 날려 보내던 그 곳.
내 꿈꾸던 어린 시절.
소나무 언덕으로 향합니다.

고향은
그리운 추억 속에 남겨져 있었습니다.
사라지고, 보이지 않는 그리움

이제야 깨닫습니다.
고향은 어머니 품이요, 아버지 등이었음을...

이제야 깨닫습니다.
고향은 나를 받아주신 하나님의 가슴[대지(大地)]이었고
하나님의 나라[통치(統治)]였음을

추억의 고향이 아닌 영혼의 고향,
하나님의 신시(神市)로 떠나고 싶습니다.

# 울지 마라

또, 눈물이 흐릅니다.
주님은 울지 마라 하시는데
눈물이 흐릅니다.

미안해서
안타까워서
지켜주지 못하고 함께 하지 못해서...
가슴에 스며드는 눈물이
순간이 아니길 바랄 뿐입니다.

땅 보면 울고 싶기에
하늘 보아야 합니다.
그래야 웃을 수 있기 때문입니다.

어젠 슬픔의 비 내렸지만
오늘 청명한 하늘인 것은
하늘 위로요 긍휼입니다.

주의 손으로
가슴에 담긴 눈물
햇살 가루 만드실 것을
기도하고, 기대하고, 기다립니다.

# 보일 듯 보이지 않는

보일 듯 보이지 않고
보이지 않지만 보이는 사랑
잡힐 듯 잡히지 않고
잡히지 않지만 가득한 사랑
느낄 듯 느껴지지 않고
느끼지 못하지만 느껴지는 사랑

그 사랑이 우리를 향한
하나님 사랑입니다.

눈으로 찾고 찾으면 사라지지만
마음으로 찾고 찾으면
가만히 들어와 계시는 사랑.

하나님 사랑은
잡힐 듯 잡히지 않지만
내려놓고 잠잠하면
언제나 우리 안에 가득합니다.

보일 듯 보이지 않고
보이지 않지만 보이는 사랑이
하나님 사랑입니다.

# 봄이 오는 길목에서...

겨울 지나 봄이 오는 길목에 서 있습니다.
겨우내 얼었던 땅, 녹아지는 개울소리
산과 들은 기지개 폅니다

아지랑이 피어오는 이 봄을 생명으로 맞이하기 위해
3월에는 기도하게 하옵소서

창조의 섭리와 자연의 순종 속에서 하나님의 섭리 배우는
3월에 기도하게 하옵소서.

칼 바람 순풍(順風)으로 바뀌어 꽃망울 아름답게 피어나고
허허벌판 외로운 들녘에 푸른 잎 가득하게
3월에는 기도하게 하옵소서.

잊혀진 사람, 멀어진 사람, 가슴 아픈 사람, 눈물의 사람,
헤일 수 없는 사연 가진 사람들
위로하며 격려하는 기도의 꽃 피게 하소서

눈물 꽃 기도 꽃 되고 절망의 꽃 소망의 꽃 되고
미움의 꽃 다가감의 꽃 되도록
봄이 오는 길목에서
3월에는 기도하게 하소서.

# 인생길, 순례의 길

은빛 눈구름 가득한 하늘 머금고
하늘 길 따라 달려간 사람들
설레임의 축제에 노래 부른다.

하늘 머금고 사는 우리
구름너머 반짝이는 소망의 닻줄보며
하늘 웃음 짓는다.

인생길, 순례의 길
가깝고도 먼 길!

우리시간 주께 맡길 때
천사의 보호하심 영광의 빛되어 우리 손 잡아주리

위대하여라
믿음의 삶이여, 소망의 삶이여!

그 길 따라 한 걸음 또 한 걸음
하늘 무지개 펼쳐지며
하늘 가슴 우리 가슴 되리

찬란한 주의 영광이여!

# 희망의 손

해안선 무너지고
집이 장난감처럼 떠내려가는
거대한 자연의 힘 앞에
인간의 한계를 봅니다.

지붕 위에 올려진 구겨진 차,
육지 위에 올려진 수백 톤의 배
인간 교만의 모습 같습니다.

사람이 할 수 있는
최고의 일은
두 손을
하늘로 향하는 것밖에 없습니다.

두 손이 하늘을 향할 때
그 손은 기도의 손이 되고,
그 손은 위로의 손이 되고,
그 손은 세우는 손이 됩니다.

두 손을 하늘로 향할 때
하나님은 역사하십니다.

# 주님 오시는 날

주님 오시는 날
나는 들을 것입니다.
하얀 눈꽃으로 장식한
푸른 소나무의 노래를.

주님 오시는 날
나는 꽃피고 향기 가득한
생명의 언덕에서
파란 하늘이 될 것입니다.

주님 오시는 날
우린 볼 것입니다.
애굽 파라오의 춤과 바벨론 벨사살의 노래, 원수들의 경배를...

주님 오시는 날
쪽방 할매의 가슴과
어미 잃은 아이의 얼굴은
환희의 미소로 채워질 것입니다.

주님이여, 오시옵소서.
주님이여, 지금 오시옵소서.
주님이여, 여기에 오시옵소서.

또, 눈물이 흐릅니다.
주님은 울지 마라 하시는데
눈물이 흐릅니다.
미안해서
안타까워서
지켜주지 못하고
함께 하지 못해서...

가슴에 스며드는 눈물이
순간이 아니길 바랄뿐입니다.


-『울지마라』 중에서

# 산다는 것

산다는 것
아둥바둥, 티격태격
이리 치이고 저리 치이면서
서로의 감정에 상처 주며 살아가는 우리들

약속시간 어긴 딸 때문에 상한 마음
책임 다하지 않은 아들들 때문에 뒤집혀진 눈
집안을 엉망으로 만든 막내 때문에 망가진 계획…

아이들이 완벽하기를 기대하는
나의 어리석음.

산다는 것
불완전과 불협화음, 미숙함 속에서
함께 만들어가는 작품

완벽하기 바라는 어리석은 아비의 가슴이
오늘, 지혜로 인내로 주의 사랑으로 채워지길 소망하는
하루이고 싶다.

오늘도 또 그렇게
새벽이 시작되고 밤은 저물어간다.

# 하늘이 열리는 날에

죽음의 그림자 휩싸인 곳
군병들의 보초 교대소리가 차갑게 들려왔다.
요셉의 무덤 속엔
지난 밤 십자가의 조롱과 멸시,
비웃음과 수모 속에 죽으신
예수가 계셨다.

끊어진 생명의 호흡, 움직일 수 없던 손과 발
어둠만이 가득한 그곳에서 생명의 꽃이 피었다.

빛이있으라 하심에 빛이 생겼듯
하나님의 숨결은
멈춰진 심장 요동치게 하고
끊어진 호흡 생명되어 돌아왔다.
새벽 미명, 태양이 떠오르기전
주님은 빛으로, 생명으로 어둠 뚫고 나오셨다.

아! 생명의 부활
하늘이 다시 열리게 된 날
생명이신 예수여! 우리에게 오시옵소서
이 땅, 이 민족, 오셔서 일어나게 하소서
생명의 부활로 나아오게 하소서

# 한계를 넘어서

땅을 밟고 사는 우리
기쁨이 땅에 있으면 땅을 사는 것이고
기쁨이 하늘에 있으면 하늘을 사는 것입니다.

우리 소망 하늘에 있을 때
볼 수 있고 들을 수 있습니다.
우리가 하늘을 살아야 하는 것은
하늘 사람이기 때문입니다.

하늘 문이 열리고 땅의 문이 닫히는 날
오늘이란 한계를 넘고 고난이란 한계를 넘어
새 예루살렘 언덕에 서 있는 우리에게
주님 바람타고 오셔서 면류관 씌우시고
천화(天花)를 가슴 가득 안겨주실 것입니다.

어제 흘린 눈물 진주 되고
오늘 흘린 땀 생명수 될 때
우린, 육체의 한계를 뛰어넘는
하늘 사람으로 사는 것입니다.

땅을 디디고 살아도
하늘을 사는 사람이고 싶습니다.

# 홀로 가는 길

인생은 홀로입니다.
늘 함께 있던 님도
때가 되면 떠나기 때문입니다.
홀로이기에 눈물 흘리지 말고
함께 하지 못함에 슬퍼하십시오.

삶은, 결국 홀로서는 것
홀로의 삶을 넘어섬이 진정 승리입니다.

홀로 가는 길,
그 길이 가시밭 길이라도 가야 할 이유는
생명의 길이기 때문입니다.

외로움 때문에
쓸쓸함 때문에
울고 계시나요?
외로움을 영적 고독으로
쓸쓸함은 말씀 묵상으로 바꾸십시오.

인생은 홀로이지만
또 홀로가 아닌 것은
그분이 내 곁에 계심을 약속했기 때문입니다.

# 흐르는 샘처럼

깊은 산 작은 샘 하늘 발길 머무는 곳
작은 시내들 어우러져 흐르는 강물 될 때
거기 생명이 넘칩니다.
작은 샘 시내되어 흐르고 넓은 바다 저를 반겨
또 하나의 생명 이룹니다.

흐르는 샘이 넓을 수 있고 흐르는 샘이 깊을 수 있음은
바다와 하나 되기 때문입니다.
우리 언제나 그 자리에 고집스럽게 머문다면
지금, 넓고 깊어도 소망이 없습니다.
썩어가기 때문입니다.

지금 작고 얕아도 흐르고 있다면
생명을 살고, 넓음과 깊음을 사는 것이기에
소망의 강물이 되는 것입니다.
작은 샘 바다가 될 수 있음은 흘러가기 때문이듯
우리 삶이 흘러갈 때 하늘나라가 되는 것입니다.

나의 물질, 지식, 나의 영혼 흐를 때
죽음의 역사는 생명 되고 고난의 역사는 감동이 됩니다.

흘러가는 삶은
낭비가 아닌 거룩과 생명입니다.

# 가을이 오면

가을이 오는 소리에
잠든 영혼 놀라
눈을 뜹니다.

가을이 오는 길목에 서서 귀를 모듬으면
나를 향한 애절한 고백이 들려옵니다.

가을이 오면
내 영혼 들판에 꽃 피우고
향기 내고
열매 맺으리라 했는데

가을은 벌써 이만치 와 있는데
나는 아직 그대로 입니다.

주님!
이 가을이 오는 소리가 내 기도 소리 되게 하시고
이 가을 들꽃이 내 믿음의 꽃 되게 하시고
이 가을 향기가 내 섬김의 향기 되게 하소서.

가을이 지나가면
나는 벌써, 저만치
믿음으로 가 있을 것입니다.

# 그림자

사물이 움직일 때
함께 움직이는 것
그림자입니다.

그러나
빛이 없으면
그림자는 드러나지 못합니다.

빛이 있어야 드러나는 그림자처럼
빛이신 하나님 계셔야
우리도 드러납니다.

그림자는 먼저 움직이지 않습니다.
충성스러운 종처럼
주인이 명하면 움직입니다.

그림자는 소리치지 않고 겸손합니다.
있지만 없는 듯 합니다.

그림자처럼 하나님보다 먼저 행하지 않는 겸손을
그림자처럼 밟혀도 참아낼 수 있는 인내를 소망합니다.

나는 하나님만의 그림자이고 싶습니다.

# 내일을 기다리며

내일이 기다려지는 사람은
행복한 사람입니다.
내일이 소망이기 때문입니다.

내일을 기도하는 사람은
믿음의 사람입니다.
하나님과 만나기 때문입니다.

내일을 기대하는 사람은
희망의 사람입니다.
내일이 응답의 날이기 때문입니다.

내일을 기다리며 하루를 돌아봅니다.
비가오고, 바람 불고, 먹구름 끼고, 폭풍 일지만
그 어떤 것도 내일을 막지 못합니다.

하나님 사랑, 막을 수 없고
하나님 섭리, 거역할 수 없고
하나님 역사, 따라야 하기에

오늘 나는,
내일을 기도하며 기대하고 기다립니다.

# 눈물은

눈물은 사랑의 보석입니다.
눈물이 빛나는 것은
삶을 정화하고 변화하기 때문입니다.

세상 보석은 외면을 화려하게 하지만
눈물 보석은 내면을 거룩하게 합니다.
눈물이 세상 가장 귀한 보석인것은
가슴에서 빛나기 때문입니다.

눈물은 기쁨 꽃입니다.
눈물이 아름다운 것은
사랑과 생명이 있기 때문입니다.

꽃은 벌과 나비를 부르지만
눈물은 하나님을 부르고,
성령을 임하게 합니다.

눈물이 세상 가장 빛나는 꽃인 것은
가슴에서 피어나기 때문입니다.

눈물은
보석이고 꽃입니다.

# 동행

도심의 메마른 땅이 아름다울 수 있는 것은
푸른 나무 있기 때문입니다.

언제나 그 자리에
계절의 변화에 순종하며
묵묵히, 때를 따라 잎을 내고, 꽃을 피웁니다.

푸르른 화려함이 수치의 알몸이 되어도
언제나 그 자리에 서 있습니다.
나와 동행하기 위함입니다.

도심의 메마름이 아름다울 수 있는 건
동행이 있기 때문입니다.

삶이 메마르고 곤고해도
아름다울 수 있는 이유는
예수께서 함께 걸으시기 때문입니다.

주님과 함께 하기 위해
우린 그 분의 뜻에
심겨져야 합니다.
그것이 동행입니다.

# 마음의 빛

마음으로 빛을 품을 수도,
빚을 품을 수도 있습니다.

빛을 품으면
희망과 기대의 향기때문에 삶이 아름다워지지만
빚을 품으면
부담과 억눌림의 짐때문에 삶이 어그러집니다.

마음의 빛
오직 주님에게서 흘러나옵니다.
햇빛은 몸을 따뜻하게 해 줄 수는 있어도
마음까지 따스하게 하지는 못합니다.

마음이 빛나는 사람은 주님이 빛나는 사람입니다.
그 마음에 주의 빛 가득하기 때문입니다.

우리 마음에 소망과 감사와 기쁨은 우연이 아니라
하나님 사랑의 필연이 나를 향하기 때문입니다.

그러므로 우린,
항상 마음의 문을 하늘 향하여
열어 놓아야 하는 것입니다.

# 만남, 그리고 기도

늦은 밤, 불 켜진 유치부실을 살며시 문 열었다.
가지런히 놓여있는 신들
담소를 나누는 여청년들을 보았다.

"목사님!" 반기는 목소리.
"이 늦은 시간에 어쩐 일이니?"
"기도하러 왔다가 나눔하고 있어요!"
"이거 먹으면서 나눔 하거라"
"네! 감사합니다!"

집으로 돌아오는 길
가슴 속에 뭉클함이 몰려온다.
그래, 그런 너희를 사랑하고 축복한다.
하나님도 무척 기뻐하실거야.
하루의 시간이 피곤하고 힘들었을텐데
교회에 나와 기도하는 모습 속에서 소망을 발견합니다.
담소를 나누는 모습에서 미래를 보았습니다.

늦은 밤,
기도하는 청년들이 있고
밤새 철야하는 권사님들이 있기에
광안교회는 소망이 있고 미래가 있습니다.

# 미운 일곱 살

미운 일곱 살 막내가 제일 예쁠 때는 잠잘 때입니다.
잠잘 때는 천사 같고 인형 같습니다.
잠든 예원이를 꼬옥 안아줄 때
세상 가장 행복한 사람 되어
가슴에서 사랑이 흘러 갑니다.

미운 일곱 살 막내가 제일 미울 때는
일어나서부터입니다.
일어 나 옷 입는 것부터 자기 마음대로입니다.
어느 것도 맘에 드는 것 없습니다.
어린이 집에서 돌아오면 집안은 전쟁터가 됩니다.

미운 일곱 살 막내에게서 나를 봅니다.
말하고, 행하고…어느 것 하나
당신 마음에 드는 것 없지만…
내가 잠든 사이 가만히 나를 안으십니다.

당신의 사랑은
그렇게 가슴으로, 세상으로
흘러갑니다.

저는 미운 일곱 살입니다.

# 꽃을 피우는 사람

2월이 가고 3월이 오면 산과 들엔 꽃이 필 것입니다.
노오란 꽃잎들이 춤추며
분홍보라 꽃들이 함께 어우러져 노래할 것입니다.

지금은 찬바람 가득한 겨울이지만
조금 지나면 세상은 따스함으로 채워져
아름다운 꽃들의 잔치가 벌어질 것입니다.

꽃을 피우는 사람은 손이 아름다운 사람입니다.
꽃을 피우는 사람은 마음 따뜻한 사람입니다.

믿음의 꽃을 피우면
세상은 그리스도의 향기로 채워지고
신앙의 꽃을 피우면
세상은 그리스도의 편지로 가득해집니다.

꽃을 피우는 임이시여
엄동설한(嚴冬雪寒)의 마지막 찬바람
오늘을 이기게 하시어
3월의 아름다움을 보게하소서.
그날을 기다리며
오늘, 마음 따스히 살아갑니다.

# 새 날을 주시다

새 날의 문턱을 넘어
흰 옷을 입습니다.

믿음의 저고리 죄를 가리고
소망의 마고자 은총을 채우고
사랑의 두루마리 세상을 품습니다.

흰 동정 구름 만들어
옷고름에 묶어 하늘로 올려
은백색 가득한
빛의 잔치, 천국잔치로
새 날을 드립니다.

새 날을 주심에
새 옷 입고

그 곳에서
태양보다 더 뜨겁게
주님을 노래하며
바다를 걷고
하늘을 뛰어 보렵니다

새 날을 주신 그 분과 함께...

# 부메랑 사랑

운전석 손잡이 아래 작은 종이가 붙어 있었습니다.
거기에는 일곱 살 예원이의 사랑고백이 적혀있었습니다.

"아빠 사랑해요, 예원"

바쁘게 가던 길을 멈추고 집으로 다시 들어갔습니다.
어린 예원이를 안고 입맞춤했습니다.
달콤했습니다. 감사했습니다.

사랑은 사랑되어 돌아옴을 깨닫습니다.
우리 작은 사랑이 큰 사랑되어
우리 가슴에 안기게 됨을 깨닫습니다.

사랑고백 만큼 위대한 것은 없습니다.
 '내가 주를 사랑하나이다'
 '주를 사랑하는 줄 주께서 아시나이다'
다윗과 베드로... 모두 하나님의 위대한 사람이 되었습니다.

사랑이 우리를 존귀하게 합니다.
사랑이 우리를 거룩하게 합니다.
사랑이 우리를 위대하게 합니다.

하나님이 사랑이시기 때문입니다.

# 부활

세상 모든 꽃들이 아름답다 하여도
부활의 꽃보다 아름다울 수 없습니다.

세상 모든 새들이 하늘 높이 날아도
부활의 날개보다 높을 수 없습니다.

세상 모든 권력이 강하다 하여도
부활의 권세를 이길 수 없습니다.

골고다 언덕에서 흘린 피
부활의 꽃을 피웠고
십자가에 못박힌 손과 발
부활의 날개 되었고
세상 권세에 죽임 당한 몸
부활의 능력이 되었습니다.

부활은
세상 가장 아름다운 꽃이며
세상 가장 높은 날개며
세상 가장 강한 권세입니다

부활은
하나님의 능력이고 하나님의 사랑입니다.

# 사랑을 품에 안고

길 떠날 때, 사랑 품고 가야 합니다.
사랑 품지 않으면 길 잃기 때문입니다.

사랑이 사랑다우려면
여름 장마의 빗방울처럼
가을 하늘의 햇빛처럼
모두에게 임해야 합니다.

사랑이 어리석게 보임은
차별하기 때문입니다.

하나님 사랑은 비처럼, 햇빛처럼 내립니다.
선인에게도, 악인에게도 차별하지 않습니다.

하나님이 사랑 안에 거하심은
당신 안에 거하시기 위함입니다.

우리 안에 하나님 사랑 채우고
사랑 안에 우리가 채워지면
햇빛처럼, 비처럼
만나는 벗들에게 아낌없이, 차별없이 나눌 수 있습니다.

그때 우리는 예수의 사람들로 불려집니다.

# 사랑의 삶

사랑하는 것은 사는 것이고
사는 것이 사랑하는 것입니다

우리 아픈 것은 사랑하기 때문이고
우리 눈물 흘림도 사랑하기 때문입니다

우리 삶에서
사랑을 빼버린다면
남는 것은
아무것도 없습니다.

삶에서 사랑을 빼면
우린 그림자에 불과하고
허망한 삶에 불과합니다.

오늘이 가기 전
옆 사람에게
사랑한다고 말한다면

우린
아버지 사랑 담은 선물이 되어
우리 사는 세상을
따스함으로 채워갈 것입니다.

사랑이 사랑다우려면
여름 장마의 빗방울처럼
가을 하늘의 햇빛처럼
모두에게 임해야 합니다.

사랑이 어리석게 보임은
차별하기 때문입니다.

–『사랑을 품에 안고』 중에서

# 상처

살아가면서 상처 받는 이유는
우리 마음 열려있기 때문입니다.

마음 닫혀있으면
상처 주지도, 받지도 않습니다.

멀리 있는 사람은 상처주지 않습니다.
상처는 가깝기 때문에 생깁니다.

상처 없이 살아가려고 마음 문 닫으면
영혼의 문 또한 닫혀집니다.

때로 상처받아, 그래서 아파도
마음문 열고 사는 것이
마음문 닫고 사는 것보다
아름답고 복된 삶입니다.

상처받음에 낙심하지 마십시오.
주님께서 상처를
하늘 향한 디딤돌로,
아름다운 삶의 열매로
바꾸시기 때문입니다.

# 부르심

"아빠"
진영이를 처음 만난 날
나를 부르던 처음 말입니다.
"가지마"
진영이를 만나고 돌아가던 날
나에게 던진 마지막 말입니다.

세상엔 할 일이 참 많습니다.
그리스도인으로, 하나님의 자녀로 해야 할 일들이 참 많습니다.

늦은 밤, 말씀하시는 하나님께 되묻습니다.
하나님, 꼭 그러해야 하나요?

인생은 함께 가는 것,
사랑은 함께 땀흘리는 것,
신앙은 말씀에 순종하는 것.

하나님의 부르심에
오늘도 떨리는 몸과 마음으로 순종의 길을 걸어갑니다.
아브라함이 걸었던 것처럼
예수님을 닮기 위하여 부족한 걸음을 걸어봅니다.

―――――――――――――――
진영이는 지금 우리집의 막내, 성빈이로 불립니다.

# 행복하여라

행복은 충만한 삶의 표현입니다.

세상은 행복을 소유와 성공에 두지만
행복은 거기 있지 않습니다.
참 행복은 외면에 있지 않고
내면에 있기 때문입니다.

행복의 본질은 마음에 있습니다.
마음 정원 새로워질 때,
거기에 하늘 행복 깃들고
마음 밭 부드러울 때
거기에 땅 행복 열매 맺어집니다.

주님은 말씀하십니다.
심령이 가난한 자가 행복하나니...
애통하는 자가 행복하나니...

우리가 바라는 행복은
땅에서 시작하는 것 아니라 하늘에서 시작합니다.

하늘 향해 달려갈 때
충만한 삶, 진정한 행복으로 채워지는 인생이 되는 것입니다.

# 징검다리

다리가 없던 어린 시절
강 저편으로 가려면
돌 하나, 돌 두 개 놓으며 건넜습니다.

홍수로 물이 넘치면
징검다리 보이지 않았지만
비가 그쳐 물이 줄면
돌들은 여전히 그 자리입니다.
사람들이 밟고, 뛰어도
불평 없이 그 자리에서 웃어줍니다.

꽃 피고 낙엽 지고 눈보라 쳐도
아이가 소년이 되고 어른이 되어도
돌들은 여전히 그대로 남아
누군가를 건너게 해줍니다.

우리 존재가
죽음을 생명으로 옮겨주는 징검다리 되었으면 합니다.
어둠을 빛으로 옮겨주는 징검다리 되었으면 합니다.

그저 묵묵히
자신의 자리를 지켜주었던 돌다리가 그립습니다.

# 하루살이

하루살이는
해야 할 일을 오늘 행합니다.
내일이 없기 때문입니다.

상처 받아도 위로하고
어둠에서 진리를 살고
미움 속에서 사랑하는 이유는
오늘 하지 않으면 아무것 이룰 수 없기 때문입니다.

우리에게 내일이 없음이 불행이 아니라
오늘 행하지 않음이 불행입니다.

내일은 오직 하나님의 것
우리 인생은 오늘 하루뿐
하루살이처럼 오늘을 살 때
하늘의 성도로 살 수 있습니다.

우리 삶이 메마르고, 우리 삶이 얽혀있는 것은
하루에 쏟아야 할 열정을
수천분의 일로 나누기 때문입니다.

오늘만 있는 삶이
내일을 아름답게 만들어 갑니다.

# 한 해를 떠나보내며

시간의 날개에 실려
또 한 해가
구름처럼 흘러갑니다.

1년의 시간 속엔
사랑하는 딸 시집보냄 같은
진한 에스프레소의 쓴 맛도
영혼을 만지는 향기도
벅찬 감사와 아쉬움도 있습니다.

한 해를 보냄은
지난 기쁨을 붙잡지 않고 또 다른 기쁨을 초대함이고
한 해를 보냄은
진한 슬픔 놓아주고 또 다른 슬픔 이길 힘을 초대함이라
한 해를 보냄은
나의 자아 겸손케 하고 나의 믿음 쌓아가는 것입니다.

그렇게...
한 해, 두 해, 인생을 지날 때

우리 삶 주님 안에서
더 큰 믿음의 사람으로
자라가는 것입니다.

# 우리 함께

날개 있어도 하늘 날지 못하고
다리 있어도 땅을 달리지 못하면
아픔이고 불행입니다.

손 있어도 사랑 잡지 못하고
가슴 있어도 사람 안지 못하면
큰 아픔, 큰 슬픔입니다.

믿음 있어도 행함 없으며
말씀 있어도 순종 없으면
더 큰 불행, 더 큰 절망입니다.

하나님 당신 보내심은
십자가의 방주 만들어
구원역사 이루고

하나님 우리 부르심은
사람 낚는 제자 삼아
생명역사 이루심 입니다.

'우리 함께'
당신과 나의
절대소망입니다.

# 기러기의 비행

기러기는 먼 여행을 할 때 무리들이 V자를 만들며 날아갑니다.
혼자 나는 것보다 함께 날아갈 때 더 멀리 갈 수 있기 때문입니다.
기러기가 V자로 나는 것은 이유가 있습니다.
공기의 부력을 만들어 뒤에 따라오는 동료 기러기들을
쉽게 날 수 있도록 하려는 것입니다.
그래서 선두에 있는 기러기가 가장 빨리 지칩니다.
그렇게 선두가 지치면 다른 동료기러기들이 자리를 바꿔줍니다.
서로의 피로도를 공평하게 만들어가는 것입니다.

기러기가 날아가면서 계속 우는 이유는
힘들기 때문에 비명을 지르는 것이 아닙니다.
울음은 두 가지 의미가 있습니다.
첫째, 소리를 내어줌으로 방향을 제시하는 것이고
둘째, 서로 격려하는 나팔 소리와 같은 것입니다.

기러기의 비행에는 사랑이 있고 격려가 있습니다.
기러기의 비행에는 우정이 있고 나눔이 있습니다.
모이면 나누려고 하는 사람들은
기러기의 비행을 통해 교훈받아야 합니다.
우리 인생도 하늘을 나는 비행과 같습니다.
인생을 비행하는 동안 서로를 격려하고 위로하며 사랑하고 섬길 때
하나님의 나라에 기쁨과 감사함으로 나아갈 수 있는 것입니다.
우리는 함께, 동행하는 믿음의 가족입니다.

현재 삶이 행복해도
시간을 멈출 수 없고
현재 삶이 고통스러워도
시간을 재촉할 수 없습니다.

그저, 묵묵히 인내하며
주어진 삶을 살아가는 것이
자유로울 수 있는 길입니다.

-「자유로움」 중에서

# 그대로

시간의 강 흘러 인생에 들어오면
파도를 만날 때가 있습니다.
흔들림 없이
그 모습 그대로 살아가고 싶습니다.

비가오고 바람이 불어도,
뜨거운 태양에 땅이 거북등이 되어도
산과 들 그리고 하늘은
언제나 그대로입니다.

강은 비가 오면 불었다 줄었다 하지만
바다는 언제나 변하지 않고
그대로입니다.

주님 오심을 기다림은
언제나 그대로이신 사랑을 기다림입니다.
그대로이신 사랑을 기다리는 것
변해가는 내 모습, 내 작은 사랑을
주님의 크신 사랑안에 담기 위함입니다.

주님의 오심을 겸손히 기다립니다.
그대로이신 따스한 사랑 안에 안겨
올해를 사랑으로 감싸고 싶습니다.

# 여과장치

우리 귀는 항상 열려 있어서 세상 모든 소리를 듣습니다.
오염된 소리, 절망의 소리...
그 소리가 우리를 병들게 합니다.

한 번의 저주의 소리를 회복하려면
네 번의 축복의 소리가 필요합니다.
소리의 독을 없애는 방법은
사랑과 생명의 언어밖에 없기 때문입니다.

우리 안에
생명과 사랑의 소리,
구원과 축복의 소리가 가득 차 있다면
모욕적인 비웃음, 오염되고 악한 소리에도
절망하지 않습니다.
여과장치가 있기 때문입니다.

삶의 여과장치는 묵상입니다.
말씀을 묵상하여 채우는 것이
오염된 소리, 비웃음 소리를 여과합니다.

몸의 여과장치가 망가지면 건강이 무너지듯
우리 영혼의 여과장치가 무너지면
삶 전체가 무너지는 것입니다.

# 고향

나의 살던 고향은 꽃 피는 산골
복숭아꽃 살구꽃 아기 진달래...

사람들은 자신이 태어난 곳을 고향이라고 합니다.
그러나 우리의 고향은 태어난 곳이 아니라
아버지, 어머니가 계신 곳입니다.

명절이 되면 사람들이
태어난 곳으로 가지 않고 부모님께 가는 이유는
우리 고향은 땅이 아니라 사람이기 때문입니다.
나를 낳으시고 기르신 부모가 고향입니다.

육체의 고향이 부모라면
우리의 영원한 고향은
나를 택하시고 조성하신 하늘 아버지입니다.

우리가 가야할 진정한 고향,
하나님의 품, 하나님의 마음입니다.

한가위 복된 날.
하늘 아버지께로 나아갈 때
우린, 진정한 고향을 찾는 것입니다.

# 하늘교회

하나님은 하늘꿈을 이루기 위하여
60년 전 이 땅에 교회를 세우시고
각지의 사람들을 부르셔서 사명을 주셨습니다

하나님의 영광, 복음의 증인이란 사명이
저들의 가슴에 봇물처럼 쏟아질 때
교회는 하늘 교회가 되어 세상에서 빛났습니다

사탄은 하나님의 영광을 무너뜨리기 위해
어둠과 미움, 분노와 불만의 무기를
사람들 손에 들게 하여 교회를 공격했습니다.
교회는 땅의 교회가 되어 세상에서 찢기고 상했습니다.

그러나 우린, 다시, 새롭게 하나님의 꿈을 이루기 위하여
오늘 이 곳에서 하늘 교회를 다시 세워갑니다.

하나님은 땅의 교회를 하늘 교회로 세우기 위해
우리를 다시 부르셔서 사명을 주시고
꿈을 이루기 위하여 소망의 곳간을 열어
사랑과 섬김과 믿음과 찬양을 우리 손에 들려주시고 계십니다.

우리는 하늘 교회의 기둥입니다.

# 마음의 움직임... 감동

죽은 사람이 움직이지 못하는 이유는
몸이 없어서가 아니라
마음이 없기 때문입니다.

우리를 움직이는 본질은
몸이 아니라 마음입니다.

따뜻한 이야기, 격려, 위로가 힘이 되는 이유는
마음을 움직이는 힘... 감동이 있기 때문입니다.

하나님의 사람들은
감동받은 사람들입니다.
상처의 회복, 질병의 치유
외로움과 절망으로부터의 자유.

하나님께 감동받은 사람들이
하나님을 감동시킵니다.

하나님을 억지로 감동시킬 순 없습니다.
먼저 하나님께 감동받는다면
우리는 하나님을 감동시키는
멋진 사람이 될 것입니다.

# 갈릴리

어둠과 흑암의 땅 갈릴리,
조롱과 비웃음으로 가득했던 갈릴리,
절망 속에 갇혀있던 갈릴리,

거기에 주님이 오셨습니다.

천국이 선포되고
병든자가 치유되고
말씀이 역사하자
흑암의 땅에 빛이 비춰었고
절망의 땅이 소망으로 바뀌어졌습니다.
고통과 멸시의 갈릴리가
영화롭게 변했습니다.

당신의 갈릴리는 어디입니까?
거기에 주님 오시면
성령이 임하시면
당신도 은혜의 사람, 거룩의 사람으로
변화할 것입니다.

주님 오시옵소서!
나의 갈릴리로...

# 겨울 아이 인동초 忍冬草

세상 모든 만물이 꽁꽁 언 한 겨울.
어머닌 "춥다, 나가지 마라" 하셨지만
겨울 아이는 얼음판으로 달려갔습니다.

차가운 강 바람에
콧등이 베이고, 귀가 떨어지고,
손과 발에 감각이 없어도
겨울 아이는 달리고 또 달립니다.
얼굴과 등줄기에는 땀방울이
겨울 아지랭이되어 피어오릅니다.

바람막이 하나 없는 차가운 강가에
세상 가장 아름다운 꽃이 핀 것입니다.

춥다고 웅크리면 더 움추려들 뿐,
추위를 거슬러 즐기고, 누리면
추위는 내 안에서 녹아집니다.

썰매 타고 팽이치던 겨울아이로 살때
인생의 추위, 삶의 고난은 인동초(忍冬草) 되어
우리 가슴에, 우리 인생에
아름다운 미소로 피어날 것입니다.

# 사랑이 보일 때까지

사랑이 보일 때까지
나는 걸어가리라

사랑이 보일 때까지
나는 함께 울며 함께 웃으리라

사랑은 보이지 않지만 보이는 것이기에
그 사랑 이를 때까지 나아가리라

사랑이 보이지 않는 것은
멈추었기 때문이라

하늘 사랑,
하늘에서 땅에까지 오신 사랑
하나님이 주님이 인간으로 오신 사랑
신비한 사랑

이제, 우리
땅에서 하늘까지 사랑 위해 보듬고,
손 잡고 가기를 멈추지 말아야 하리라
그 사랑, 예수,
세상에 채워질 때까지.

천국이 선포되고
병든 자가 치유되고
말씀이 역사하자
흑암의 땅에 빛이 비취었고
절망의 땅이 소망으로 바뀌어졌습니다.

고통과 멸시의 갈릴리가
영화롭게 변한 것입니다.

―『갈릴리』 중에서

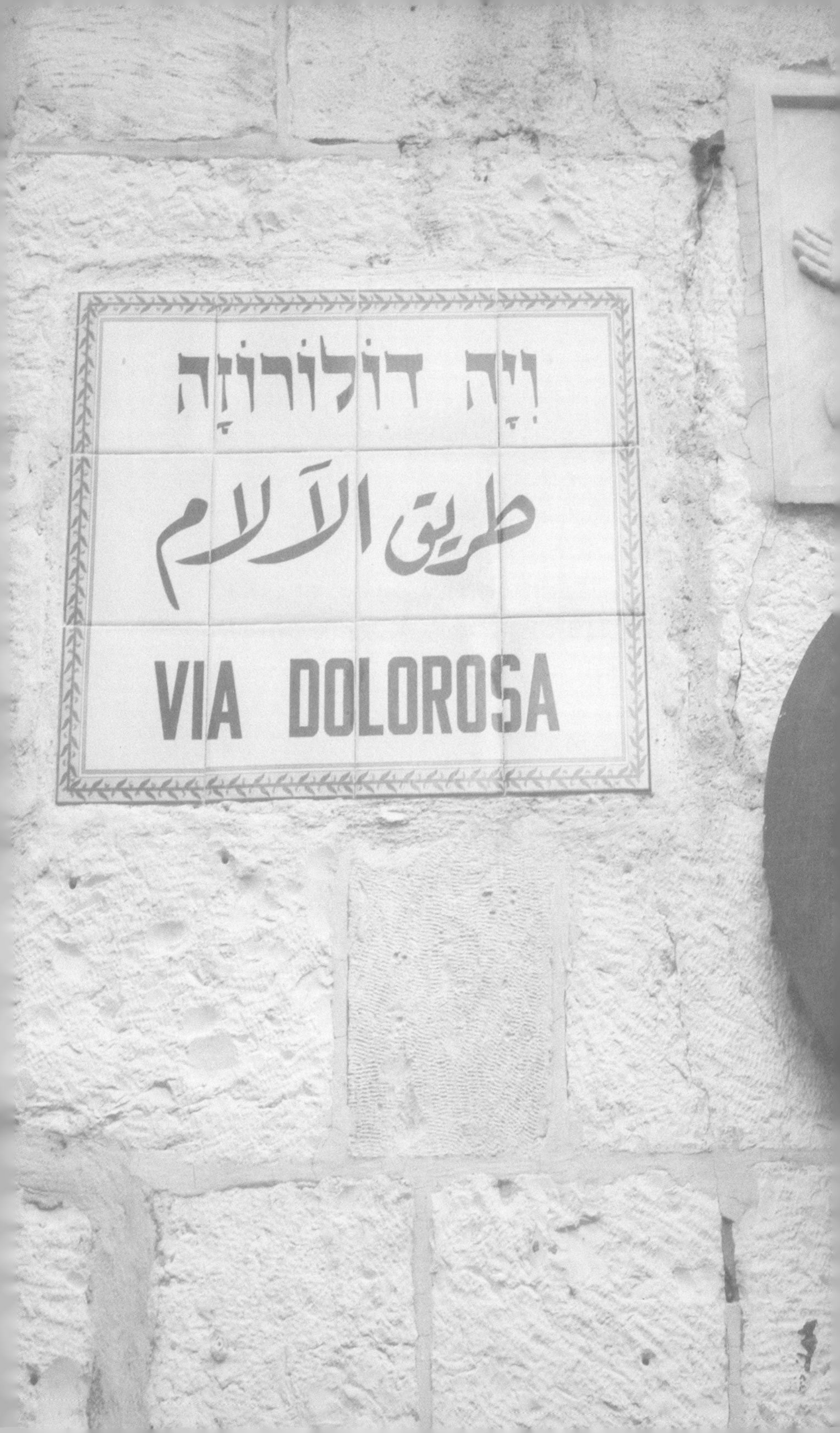
וִיָה דוֹלוֹרוֹזָה
طريق الآلام
VIA DOLOROSA

# 가족

친구는 선택으로 만들어지지만
가족은 하나님 택하심으로 만들어집니다.
그래서 가족 사랑은 더 영적이어야 합니다.

멀리 있는 이를 사랑하기는 쉬워도
가까운 이를 사랑하기는 쉽지 않습니다.
약점과 단점, 비밀까지 사랑하고 감싸야 하기 때문입니다.
그 사랑으로 사람을 보면 문제아도, 사고뭉치도 없습니다.
그 안에 희망과 기대, 꿈이 그려지기 때문입니다.

가족이 된다는 것은
고통과 상처를 통하여 이루어집니다.

가족에 대한 가치 무너지면
세상 가치도 무너집니다.

교회가 가족인 이유는
하나님이 당신과 나를 택하여
우리가 되게 하셨기 때문입니다.

너그러움과 용납함으로 바라봅시다.
우리는 그리스도의 피를 나눈 영적 가족입니다.

# 하늘가득히

아무것 보이지 않아도
아무것 만질 수 없어도
가득한 것 있습니다.

하늘엔
성도의 기도 아지랑이 되어
향기로 올려지고

하늘엔
하나님 응답 눈 꽃 되어
사랑으로 내려옵니다.

하늘 가득
사랑 빛 넘치고
하늘 가득
생명 바람 불어옵니다.

아무것 보이지 않아도
아무것 만질 수 없어도
하늘은 가득합니다.

거기엔 충만이 머무르기 때문입니다.

# 생명의 아름다움

하늘을 나는 새도
하나님 명령 없으면
땅에 떨어지지 않습니다.

생명의 존재는
하나님 은혜와 사람의 사랑으로
이루어집니다.

추위와 상함, 고통 속에서
죽음을 기다리던 한 마리 새가 있었습니다.
미물이었지만,
사랑과 정성의 손길이 임했을 때
날개에 힘이 태양처럼 돋아서
하늘을 다시 날아올랐습니다.

감동이 밀려옵니다.

생명을 향한 하나님의 마음,
생명을 통한 기쁨이 무엇인지 깨닫게 됩니다.

생명은 곧
하나님의 사랑입니다.

# 고마운 아들

하나님의 아들, 나의 아들 성빈아!
잠든 너를 보며 지난 6개월을 돌아본다.

우리에겐 익숙한 것이
네겐 처음이었고 두려움이었지만 잘 적응해 주어서 고맙다.

갑자기 바뀐 환경에서도
웃음 잃지 않고 밝고 맑게 자라주어 고맙다.

형, 누나, 아빠, 엄마라고 부르기가 어색했을텐데
처음부터 그렇게 불러주어서 고맙다.

의정부에 있을 땐 네가 제일 큰 아이라 마음대로 할 수 있었지만
여기에 와서는 언제나 쫄병이어서 마음대로 하지 못해도
늘 "예!" 하며 따라주어 고맙다.

이젠 교회도 잘 적응하여 기도와 찬송을 하는 네가 고맙다.
가끔, 권사님 집사님들께 "할아버지, 할머니"라고 불러
민망하지만 웃음꽃 피게 해주어 고맙다.

부족한 아빠지만
나의 아들이 되어주어 고맙다.

# 죄인과 의인

우리는 언제나 하나님 앞에서 죄인입니다.
선을 행하고, 믿음으로 살아도
살아가면 갈수록 더 큰 죄인입니다.

우리는 언제나 세상 앞에서 의인입니다.
의를 행하고, 선을 행했기 때문이 아니라
예수 보혈의 은혜가 우리 안에 충만하기 때문입니다.

하나님 앞에서 의인일 수 없기에
예배의 자리에 나올 때마다 정결한 겸손의 옷을 입습니다.

세상 앞에서 죄인일 수 없기에
삶의 자리에 나올 때마다 담대한 의의 옷을 입습니다.

하나님 앞에서 겸손히,
세상 앞에서 담대히 살아감이
그리스도인의 삶입니다.

오늘도 나는
하나님 앞에서 죄인으로
세상 앞에서 의인으로
그렇게 서있습니다.

# 이거 뭐야요?

아이들 어린 시절
"이거 뭐야요? 저건 뭐야요?" 묻는 말에 대답하기 바빴습니다.

우리 다섯 번째 아이 성빈이도
보는 것마다 "이거 뭐야요?" 묻습니다.

출애굽 광야에서
하나님께서 이스라엘 백성에게 주셨던 '만나' 란 뜻이
'이것이 무엇입니까?' 입니다.

만나는 신비이고, 만나는 사랑이고
만나는 하나님 역사입니다.

아이 입에서 '이거 뭐야요?'
묻는 것이 기적이고 신비이고 역사입니다.
그 물음 속에 미래가 있고 소망이 있습니다.

우리도 하나님께 자꾸 물어야 합니다.
묻지 않아서 탈이 나고
묻지 않아서 문제가 생깁니다.

'이거 뭐야요?' 속에 삶의 답이 숨겨져 있습니다.

# 아들의 고백

패밀리 DTS를 마치고 한국으로 돌아올 때
큰 녀석이 여섯 살, 작은 녀석은 다섯 살이었습니다.

두 아들놈이 공항을 망나니처럼 뛰어다녔습니다.
몇 번의 경고에도 말을 듣지 않아
이렇게 협박했습니다.

"이놈들! 자꾸 그러면 여기에 버리고 갈거야!"

큰 녀석이 그 말을 받아서 이렇게 말했습니다.

"설마 자기가 낳은 자식을 버리겠어?"

감사했습니다.
부모에 대한 신뢰와 믿음에.

하나님에 대한 나의 믿음을 돌아봅니다.
그리고 아들의 고백을 다시 기억해봅니다.
"어떻게 자기가 낳은 자식을 버리고 가?"

내 하나님은 항상
내 편에 계시는 분이십니다.

# 마음의 점

마음은 중심中心입니다.
중심이 무너지면
균형을 잃게 되고 넘어지게 됩니다.

마음 중심
마음 균형을 잡아야
다시 돌아올 수 있는 힘을 얻게 됩니다.

하나님을 떠날 수 있고 도망칠 수 있습니다.
욕할 수 있습니다.
마음 한 가운데 점 하나 찍어놓으십시오.
무너지지 않습니다.
침몰하지 않습니다.

그 점은 작지만
삶을 이어가게 하는 힘이고 능력입니다.

점 하나 찍는 것
위대한 믿음의 발자욱입니다.
우리 인생은 그 점들을 이어가며 그려지기 때문입니다.

오늘도 그 점 하나 찍으며 살아갑니다.

# 세월호의 기도

하늘을 우러러보며
한 마디 탄식의 기도를 올려드립니다.
'아버지...'

바다를 바라보며
가슴 속 통한의 기원을 토해냅니다.
'아들아, 딸아...'

애끓는 사랑, 가슴을 후려치는 상처로 남아
생의 벽이 되어갑니다.

벙어리 입술, 포탄 맞은 가슴
앉은뱅이 다리, 떨군 얼굴
상하고 찢긴 마음...
아무 볼품없는 초라한 모습이지만

기도하고 기다리고
기대하고 기다리고
집 떠난 탕자를 그렇게 기다립니다.

사랑 찾아 한 걸음
차디찬 바다를 걸으며
십자가를 함께 걷습니다.